スマナサーラ長老の
悩みをなくす７つの玉手箱
6

人生が楽しくなる三つの条件

国書刊行会

人生が楽しくなる三つの条件【目　次】

1 ブッダの遺したメッセージ

イラスト・装幀：佐藤広基・佐藤桃子（REALIZE）

人生が楽しくなる三つの条件

1

ブッダの遺したメッセージ

お釈迦さまに最後のあいさつ

お釈迦《しゃか》さまは、亡くなる三か月前に身体を維持する力のスイッチを切って、

「もうそろそろ涅槃《ねはん》に入りますよ」

と宣言なさいました。それからは、残っていた体力もどんどん使い切り、最後にはとても衰弱して、とうとう歩けなくなりました。

マッラ国の、サーラという樹が二本（沙羅双樹《さらそうじゅ》）あるところで、アーナンダ尊者に、

「もうこれ以上歩けないから、ちょっと横になりたい。衣を敷いてく

ださい」とおっしゃいました。アーナンダ尊者《そんじゃ》は、言われたとおり、そのサーラ樹の下に衣を敷いてさしあげたのです。

樹の下といっても、ただの地面です。その地面に、厚くもない、ただの衣を敷いてもらって、そこに横になって、もう立ち上がらないのです。お歳《とし》で動けないのです。

お釈迦さまが、横になったまま「これでもう終わりです」とみんなにおっしゃいましたので、もう、あっちからもこっちからも人びとが来て、みんながお釈迦さまに最後のあいさつをしました。

サーラ樹の下に何日いらっしゃったかは、はっきりしていないのですが、おそらく二、三日か四日ぐらい、そのまま横になっていらっしゃったと思います。

その間ずっと、いろんなところから人びとが最後のあいさつをしに、

お釈迦さまに最後のあいさつ

来るわ、来るわ、きりがありませんでした。

考えてみてください。話す気力もない、体力もない、もう最期《さいご》の息を引き取ろうとして横になっている人のところへ、つぎからつぎへと人びとが来て、行列をつくって、あいさつをする順番を待っているのです。気の毒ですよ。そっとしておいてあげればいいのに。

それでもお釈迦さまは、一人ひとりに一言ひとこと、みんなに声をかけてあげたのです。

悲しみを取り除く

アーナンダ尊者は、お釈迦さまのお世話と、面会に来る人びとの管理などをするのがお仕事でした。お釈迦さまの身の周りの面倒はみな、アーナンダ尊者がしていて、お釈迦さまの身体に触れたりすることは、彼以外にはだれにもできなかったのです。

そのアーナンダ尊者が、やはりお釈迦さまのことがすごく好きで慕っていましたから、

「お釈迦さまの命はもう延ばせない、亡くなるのだ」

とわかったところで、居ても立ってもいられなくなって、出て行ってをし

まいました。どこかで、隠れて泣いているのです。

そうすると、お釈迦さまは亡くなりそうでたいへんなのに、人びともどんどんあいさつに来るのに、ついてくれる人はだれもいない。

「アーナンダはどこですか?」

とお釈迦さまが尋ねると、お弟子たちは、

「アーナンダ尊者はもう、だれが話しかけても返事もしないで、泣きくずれています」

と答えます。お釈迦さまは、

「まあそれでも、彼を呼びなさい」

と言って、側に呼んでもらいました。それで、アーナンダ尊者に話をしたのです。

「アーナンダ、あなたはどうして泣くのですか?　死ぬことはもう、

だれにでも決まって起こることでしょう。こんなことで泣いて、どうするのですか？　ずーっと私のことを心配して、つきっきりで私の面倒を見てきたあなたには、これから大きな責任があるのではないですか？　泣きくずれている場合ではないでしょう」

と、お釈迦さまが亡くなるまでの最後の仕事や、亡くなってからの仕事など、責任感を思い出させてあげて、なんとか立ち直ってもらったのです。

最後のあいさつより大事な仕事

お釈迦さまがご臨終というニュースを聞いて、マッラ国やその周辺にいた偉い人びとやら王様やら、だれもがお釈迦さまのところに駆けつけました。

あちこちで修行していたお坊さんたちも、みんなやって来てあいさつをしました。

ところが、一人のお坊さんだけは、お釈迦さまのところへ行きませんでした。名前はダンマーラーマ。彼だけはただ一人で、自分が修行していたところで、そのまま樹の下に座っているのです。

それを見たほかのお坊さんたちは、「なんという失礼な態度ですか」と思ったのです。まだ悟っていないお坊さんたちですけれど、

「私たちはこんなに悲しんでいるのに、このマッラ国の人びともみんな悲しんでいるのに、王様たちも泣いているのに、あの人の態度はなんなのか。しかも出家で、お釈迦さまの弟子なのに」

と、ダンマーラーマさんのことをすごく非難したのです。それだけでは我慢できずに、お釈迦さまにも報告したのです。

「お釈迦さま、ご存じですか？　私たちはこれほど悲しんでいるのに、ひとりの坊主はぜんぜんあいさつにも来ないし、ずいぶん気楽に勝手に生活しているのですよ」

と。みんながひどく非難しているので、お釈迦さまは、

「そう、じゃあ、その比丘《びく》を呼びなさい」

とおっしゃいました。

「お釈迦さまがお呼びですよ」

と呼ばれて、そのダンマーラーマというお坊さんがお釈迦さまのところに行きました。お釈迦さまが、

「ほんとうですかねえ。きみは、私がいま涅槃に入ることについて、なんの関心も悲しみもなく、勝手気ままにわがままに生活している、という話がありますが」

と尋ねますと、そのダンマーラーマさんは、

「お釈迦さま、それはちょっと違います。お釈迦さまが今日か明日にも涅槃に入られることは、私も知っています。だから私は、お釈迦さまが涅槃に入られる前に、完全に悟りを開きたい、解脱《げだつ》を経験したいと、必死に修行しているのです」

と答えたのです。

するとお釈迦さまは、パーリ語で
「サードゥ、サードゥ、サードゥ」（すばらしい、すばらしい、すばらしい）

と三回おっしゃったのです。「なんてすばらしい、善いことか」と。

そして、みんなに向かって、

「私のことを心配する者がいるならば、このダンマーラーマです。ダンマーラーマこそ私のことを心配して、私のことをたいせつに思っているのだ」

と宣言されたのです。

「みんなは花を持って来たり、お供えものを持って来たり、あらゆる音楽を奏《かな》でたり、いろんなことをして世尊《せそん》（お釈迦さま）のことを尊敬

しようとしている。しかし、ダンマーラーマのように、みんな自己を戒めて、こころを清らかにして解脱を体験しようとするならば、それこそ世尊にふさわしい尊敬なのだ」

と、お釈迦さまはダンマーラーマ比丘のことを誉《ほ》め称《たた》えたのです。

最後の最後にまで、そういうエピソードが経典には残してあるのです。このエピソードがなぜ残されているかといいますと、これはお釈迦さまのたいせつなメッセージだからです。

お釈迦さまはわれわれに「善い人間になりなさいよ」と、ものすごく苦労して教えていかれたのです。まさに涅槃に入ろう、亡くなろうというそのときにまで。

無一物の生涯

八十歳で亡くなられるまで、お釈迦さまは、ずーっと裸足《はだし》でおられました。私もばかなことを妄想しますけど、「お釈迦さまがもし草履《ぞうり》を履《は》いたら、どんな感じでしょうか？」などと想像します。「お釈迦さまに草履を作ってくれる人がいるとすれば、どういう人でしょうか？」とか、「どんな形の草履になるでしょうか？」などと考えてみたのです。

でも、やはり偉大なるお釈迦さまにふさわしい草履なんかは、人間には作れるはずがないでしょうね。もともと、すごく贅沢《ぜいたく》に育てられた王子様でしたから、そこらへんの安っぽい草履なんかを履いてしまうと、かえって問題になるかもしれません。だからたぶん、お釈迦さまは、ずーっと裸足でおられたのだと思います。

私でさえも草履を履いているのに、お釈迦さまは、ずーっと裸足だったのです。私はべつに贅沢に育てられたわけでもないし、王子どころか、食べものがあったらそれでありがたいというくらいの経済状態で育てられたのですけど、それでもちゃんと草履を履いています。

お釈迦さまは草履も履かないで、インド全土をずーっと、ほとんど全国を歩き通されたのです。アスファルト道路があったわけでもないし、逆に「できるだけ近道で次の国へ行くぞ」と、わざわざ山の中を登って、藪《やぶ》を通って行くのです。そういうふうに行って、ときには食事ももらわない。ときには、人びとにものすごく侮辱《ぶじょく》される。それでも、ぜんぜんかまわない。まったく平然と、どこにでも裸足で行く。

一生涯、早朝から夜明けまで働きづめ

お釈迦さまもお弟子さんたちも、食事は一日に一食だけでした。朝に托鉢《たくはつ》に行かれるのですが、ものすごく早い時間に村に入るのです。なぜかといいますと、村人がまだほとんど寝ている早朝に、人目につかないように仕事をする人びとがいるのです。

カーストに入れてもらえない不可触民やら、カーストが一番低くて差別されている人びとや、召使いの奴隷《どれい》の人びとが、村人たちが起きる前にあちこち水を汲んだり、金持ちの家の便所を掃除したり、いろんな仕事をしている。

その人びとは、一般の人びとが目覚めてご飯を食べて仕事を始めるころにはもう下がって、村や町から離れていなくてはならないのです。もう道路に出られないのです。

お釈迦さまは、朝早く村に入って、その人びとに会うのです。会ってことばを交わしたり、説法したりする。

そういうことは、経典にもわずかしか記録されていないのです。なぜ記録が少ないかといいますと、それがお釈迦さまにとって毎朝の、あまりにもあたりまえのことだったからです。まったく同じ内容のできごとでしたから、くりかえし記録する必要はなかったのです。

夜は夜で、お坊さんたちに話しかけたり説法したりして、ずーっと起きているのです。ときには、徹夜して話す。夜、お釈迦さまが説法を始めて、お坊さんたちも元気で頭が冴《さ》えて話を理解する状態だったら、そのまま朝までずーっと話しつづけるのです。

だからといって、徹夜したから朝寝坊しようかな、ということはないのです。朝はまた、とても早く出かける。そして、そこらへんで仕事したり歩いている人びとに会って話をしたりする。

その人びとが街路から立ち去ったら、お釈迦さまは托鉢して、ご飯を召しあがる。村人たちが街路に出てきたら、また説法したりして、午後になったら村外れの精舎《しょうじゃ》に戻る。

お釈迦さまが精舎に戻ったら、「お釈迦さまはいまあちらにいらっしゃる」と、村人はみんな知っていますから、それでまた、会うことのできなかった人びとが、お釈迦さまの住んでおられるところに行く。そして、夜まで質問に答えたり、説法したりする。

お釈迦さまは、一日中忙しかったのです。一日一時間半しか、横にな

29　一生涯、早朝から夜明けまで働きづめ

ってお休みになっていなかったのです。

そしてそれを、一生涯ずーっと、あたりまえのようにつづけてこられたのです。お休みはなし。どれほど仕事をなさったといえばいいのでしょうか。

そのように、休むことなく、亡くなられる最後の最後まで、真理のことばを教えられたのです。

お釈迦さまの唯一の願い

そのお釈迦さまのたったひとつの願いは、「善い人間になりなさい」ただそれだけです。「しっかりしなさい、こころを清らかにしなさい、悪いことをやめなさいよ」と、ただそれだけ。

「私を拝《おが》みなさい、崇《あが》めなさい」などというようなことは、まったくおっしゃっていないのです。

実際にはわれわれは、お釈迦さまのことがありがたいですから拝んでいますし、なにか法要などをしても、派手に太鼓《たいこ》を叩いたり音楽を奏《かな》でたり、やりたいほうだいやりますけど、それはわれわれが愚か者だから勝手にしていることで、お釈迦さまはほんとうは、そういう騒ぎや人を崇めることは評価していないのです。

普通の世界では、なにかをしてあげる代わりに、なにかをちょっと求めることは、当然あることとです。自分がなにかをしてあげないと、自分にもなにもしてくれないというのは、あたりまえのことです。

お釈迦さまは、そうではないのです。お釈迦さまには、なにも要りません。もう完全なる解脱を得ているのですから、なにも要らないのです。草履ひとつも要りません。疲れて寝たいとも思いません。身体を維持できる最低限だけ、食を摂《と》り、身体を休めてあげるだけです。

お釈迦さまは、

「私は、自分で完全に幸せになっているのだから、なにも要りません。ただ、あなたは善い人間になってください。あなたは立派な人間になってください。あなたは幸せになってください。それで充分です」という態度なのです。

みなさまは聖書をお読みになったことがあると思いますが、聖書では神様が「私を誉め称えなさい。私を信仰しなさい」と言っています。神様でも、やはりそういうふうに、自分がなにかを要求する、自分になにかをしてくれることを期待する気持ちはあるのです。「私のためにあれをやれ、これをやれ。私のために生きなさい」とかね。

仏教以外は、どんな宗教でも、そういう気持ちが著しく見られます。だから、たとえば神様を信じている人びとは、神様のために生きて、神様にすべてを差し上げて、神様のために命まで捨てたりして、すごく犠《ぎ》牲《せい》になるのです。

仏教の場合は、まったく逆なのです。お釈迦さまには、なにもあげなくてもいい。なにも要らない。その代わり、私たちがほんのちょっとでも善いことをすると、お釈迦さまは、それをとても喜ぶのです。

たった一人でも、「お釈迦さまの教えのとおりにがんばろう。こころを清らかにしよう」と努力すると、お釈迦さまは、素直に、すごく喜ぶのです。

それでまた、みんなはお釈迦さまのことをすごく大事にする気持ちになるのです。

「お釈迦さまは、ご自分にはなにも要求しておられません。母のように、父のように、私たちのことを心配しているだけです。私たちが罪を犯して、苦難に陥ることを避けようとしておられる。完全なる幸福を体験させようと思っておられる。

お釈迦さまがおっしゃったことには偽《いつわ》りはありません。なにも大げさ

なことをしなくても、お釈迦さまがおっしゃったのだから、これは守りましょう。ちょっとした善いことでもがんばると、それがお釈迦さまの期待にかなうことなのです」

と思う仏教徒たちは、この全生命のなかで、神よりも、梵天《ぼんてん》よりも、だれよりも尊いおかたとして、お釈迦さまを尊敬しているのです。

私たち自身が幸せになることが最大の供養

いま、お釈迦さまはおられないのですけど、もしお釈迦さまがおられたらきっと喜ぶだろうという善いことをしたら、まず、われわれ自身が幸せになります。元気になります。とても精神的に力強い人間になるのです。

「私がいまやっていることは、お釈迦さまがおられたら、きっと認めてくださるでしょう」

という行ないができれば、そのかたはほんとうにすばらしい生き方をしているのです。世界中の理性ある人なら、だれもが誉める生き方をしているのです。

しかし、それよりなにより先に、自分自身が、堂々と元気で、幸せに生きていられるのです。

私たちが立派な人間になることが、お釈迦さまにたいする、仏法僧《ぶっぽうそう》にたいする、大いなる尊敬・供養なのです。お寺に多額の寄付をするよりも、お金をかけて派手な法要をするよりも、自分が「こころを清らかにしよう。善い人間になろう。もっと優しい人間になろう。これは、お釈迦さまがおっしゃったことではないか」とがんばると、それこそがブッダにたいするこの上ない尊敬・供養になるのです。

ここで、誤解してほしくないことがあります。みなさまが清らかなこころで、無執着《むしゅうじゃく》のこころでおこなう寄付や布施《ふせ》、法事・法要にケチをつけているわけではありません。そういう善行為は、多大な幸福を、施《ほどこ》しをおこなったかたがたに、確実にもたらします。

しかし、自分を改良することは、より大事な、より高度な善行為なのです。こころを清らかにすることを後回しにして、寄付だけをしておけばいいのではないか、と思うことはよくないのです。

寄付、布施、奉仕、福祉《ふくし》などをおこなうときも、これらの行為によって自分のこころが清らかになりますように、性格が向上するように、と思わなくてはならないのです。

お釈迦さまに勝った女の子の話

■ブッダの意志、決まりはだれにも変えられない

お釈迦さまの気持ち、お釈迦さまが決めたこと、お釈迦さまがおこなう行為などは、だれにも変えることはできません。完全なる智慧《ちえ》と完全なる慈悲《じひ》がそなわっているから、こころは悟りを開いたことで完全無垢《むく》ですから、決めたこと、お考えになったことは、そのまま正しいのです。真理なのです。

お釈迦さまにはなにも要らないし、なにも怖いものはありませんから、他人の気持ち、考えに合わせることはなさいません。どんな悪魔に

脅《おど》されても、どんな王様に懇願されても、あらゆる神々に懇願されても、お釈迦さま自身の考えを変える必要はありません。

しかし、たった一人の小さな女の子に負けて、その子の言うことを聞いてしまった、かわいいエピソードがあります。

お釈迦さまがお弟子たちとコーサラ国の舎衛城（サーヴァッティ）の精舎《しょうじゃ》で雨期の三か月間を過ごされたあと、また遊行《ゆぎょう》するためにそこを出発しようとしておられたときのことです。

舎衛城では、アナータピンディカ居士《こじ》というかなり裕福な信者さんが、お坊さんたちのお世話をしていました。パセーナディという王様も熱心な信者でしたし、ヴィサーカー夫人というすごいお金持ちの女性の信者さんもいて、みんながお釈迦さまのお世話をしていました。アナータピンディカ居士とヴィサーカー夫人という億万長者のお二人は、仏教を支えてくれる在家信徒の第一人者でした。

お釈迦さまが舎衛城におられるときだけは、出家比丘たちも楽に生活できるのです。仏教は国中に浸透し、国にいる豊かな人びとはみんな仏教徒で、みんなが仏教を支えてくれるのです。ですから、お釈迦さまが舎衛城に滞在された日数は、けっこう多かったのです。

でも、その舎衛城からも、出て行くと決めたら出て行きます。

お釈迦さまが出て行ってしまったら、人びとはものすごく寂《さび》しくなるのです。お釈迦さまが滞在していらっしゃるときは、みんなたいへん元気で、一日も怠けることなく仕事もがんばって、てきぱき仕事をすませ、すぐにお釈迦さまのおられるところに行って説法を聞いたりする。休みの日には徹夜して修行・冥想《めいそう》したりして、すごく張り切る。それで、とても元気になるのです。

お釈迦さまが出て行ってしまうと、ただもう、ご飯を食べて仕事をして寝るだけの世界だから、おもしろくないのです。だから、お釈迦さまにいてほしかったのです。

それで王様が来て、「お釈迦さま、もう一年、われわれがお布施いたしますから、どうかこちらに留まってください」と頼みました。でもお釈迦さまは、ただ一言「ブッダが行くと決めたのです」と。

この「ブッダが行くと決めた」ということは、もうだれがなにを言っても考えを変えることはない、という意味なのです。人間なら、王様に頼まれたら、王の命令だからと直ちに従いますけど、お釈迦さまは「ブッダが行くと決めたのです」の一言で終わり。もう、だれにも止められません。だから王様は、すごくうちひしがれて帰りました。

アナータピンディカ居士もお願いしたのですが、やはり認められませんでした。それでアナータピンディカ居士は落ち込んで、「お釈迦さまがいなくなってしまう。悲しい」と、寝込んでしまったのです。

■ブッダの教えを歩む人にブッダが道を譲る

アナータピンディカ居士のところに、ひとりの小さな召使いがいました。その女の子は、ご主人が寝込んでしまったので、尋ねました。

「だんなさま、どうなさったのですか？　ご病気でしょうか？」

「病気じゃないけど、元気がないんだ」

「なぜですか？」

「おまえたちには関係ないことだよ。お釈迦さまが出かけることになったのだ。行ってしまわれたら、次はいつ戻られるのか、もう何年経ったらお帰りになるかもわからない。だから、すごく寂しいのだよ」

するとこの女の子は、

「そうですか。では、私がお釈迦さまに頼んでみます」

と、なんのこともなく言うのです。

「おまえは召使いの奴隷の身で、そんな大胆なことをお釈迦さまに頼めるわけがないだろう。おまえの言うことを聞くどころか、お話しする機会も得られないかもしれないよ。国王もお釈迦さまにお願いしたけど、断られたんだよ」

「では、だんなさま。私が頼んで、もしお釈迦さまがもう一年留まってくれたら、どうしますか？」

「おまえにそんなことができるなら、私の娘にしてあげますよ」

と、居士はその女の子に約束しました。召使いの奴隷をいきなりその家の娘にしてあげるということは、たいへんなことですね。

女の子は、なんのこともなく「わかりました」と言って、そのまま走って行きました。

いまもインドに史跡がありますが、アナータピンディカ居士の家からお釈迦さまのおられた精舎まで、それほど距離はないのです。で、女の子は走って行ったのです。小さな女の子ですから、だれも気にしません。

それで、お釈迦さまはやはり、出かける準備をしているのです。お坊さんたちもみんな準備して、精舎の戸を全部締めて、荷物も片づけて、ちょうど出かけるところです。

そこに、この子が走って行ったのです。ささっとお釈迦さまのところに行って、お釈迦さまに頭を下げてあいさつして、なんのことなく聞きます。

「お釈迦さま、どこかへいらっしゃるのでしょうか？」

「うん、もうこれから出かけるよ」

と、お釈迦さまも気軽に答えます。女の子は、

「お釈迦さま、そんなこと言わないで、もう一年こちらにいらっしゃってください」

とお願いする。まあ、子どもの頼みというものはそんなもので、「こちらにいらっしゃってください」と、ストレートに頼んだのです。

するとお釈迦さまは、

「では、私が留まったら、きみはなにをくれるんですかねえ」

と、この奴隷の子に聞くのですよ。留まってもらうからには、お布施とか、一応、留まることをお願いした人が、責任として一日一回の食事ぐらいは差し上げることになっています。それを一年間つづけるのですか

ら、たいへんなことなのです。

ところが、この女の子は平気。

「そんなこと言ったって、私は奴隷ですから、あげられるものはなにもありません。でもお釈迦さま、もしもう一年こちらにいてくださるなら、私は五戒《ごかい》を守ります。約束します」

と言ったのです。子どもの話ですよ。でもお釈迦さまは、

「あ、そう。きみ、五戒を守ってくれるの。よし、わかりました」

と言って、「比丘たち、みんな戻りなさい」と、いまにも出かけようとして足を踏み出していたお釈迦さまが、また精舎に戻ったのです。お弟子たちも全員引き返しました。

お釈迦さまは、王様に「ブッダが行くと決めたのです」と言いました。それにはもう一言、口に出して言わなくても、次のことが暗に含ま

れています。「それを変えることは、神々であろうと、梵天であろうと、悪魔であろうと、この世の中でだれにもできません」と。

ブッダが決めたことを変えるのは、だれにもできないのです。王様はそれを知っていましたから、「さようでございますか。残念です」と言って、引き下がるしかなかったのです。

それを、この奴隷の女の子が、いとも簡単に変えさせたのです。この子の一言で、「きみ、五戒を守ってくれるの。では、留まります」と、お釈迦さまがあっさり言うことを聞いたのです。それで、もう一年留まることになったのです。

女の子はさっさと走って帰って、アナータピンディカ居士に、

「だんなさま、お釈迦さまはもう一年留まることに決めましたよ」

と報告しました。

アナータピンディカ居士も預流果《よるか》（悟りの最初の段階）に悟っていましたから、冷静に「おまえはどういうお願いしたのか」とか聞いたかもしれませんし、女の子も「私はこういうことを言いました」と話したことでしょう。

それを聞くと、アナータピンディカ居士にもよくわかったのです。お釈迦さまがどれほど、われわれが善い人間になることだけを期待しているか、ということが。

聖なる母、聖なる父

五戒とは、

①　殺さない、

②　盗まない、

③　邪《よこしま》な（性）行為をしない、

④　嘘《うそ》を言わない、

⑤　酒・麻薬は使わない

という五つです。これをその女の子ひとりが守ったからといって、お釈迦さまにはどうということもないでしょう。

でも、その子はそれで立派な人間になる。それで悟りを開ける可能性もある。その子にとっては、それが最高に幸せなことなのです。だから、お釈迦さまが「だったら留まりますよ」と言われたのです。それぐらい、お釈迦さまは、われわれのことを心配なさるのです。

お釈迦さまほど、人間のことを心配した人はひとりもありません。人間のことだけでなく、神々も動物も、すべての生命のことを心配していたのです。ですから、われわれが頼りにするとしたら、ブッダ以外にはだれもいないのです。

だから、むかしの人びとは、殺されたってブッダの言うことには逆らわなかったのです。「殺すぞ」と脅かされても、

「じゃ、どうぞ殺してください。たとえ命を守るためであっても、お釈迦さまの説かれた戒めに逆らうことはできません。真実には逆らえま

せん」

それぐらい、お釈迦さまのことを信頼するのです。

私たちの国スリランカでは、お釈迦さまのことを「お釈迦さま」とは呼びません。いつも「聖なる母」とか「聖なる父」と呼ぶのです。スリランカのことばでは、「聖なる母」「偉大なる母」といえば、お釈迦さまのことなのです。べつに、お釈迦さまは女性ではないのですけど。「聖なる父」「偉大なる父」も同じ意味です。

お釈迦さまのことを自分の父親・母親という感じで、「それぐらい、われわれのことを心配してくれるのだから、文句を言わずにブッダの言うことを守ればいい」と、教えを守るのです。

汚れた思考が不幸の源

守るといっても、お釈迦さまは、私たちが守りにくいことは、ぜんぜん言わないのです。すごく簡単なことを教えているのです。その簡単なことが、たいへんな真理なのです。

ひとつ紹介します。

お釈迦さまは、こういうことをおっしゃいます。

「汚れた考え方をやめなさい。まちがった思考をやめなさい。清らかな正しい考え方をしなさい」

ま、考えることだけだから、簡単でしょう。きたない、醜《みにく》い、汚れたことをごちゃごちゃ考えるのではなくて、すごく美しい清らかな考え方をしてください、ということです。

むずかしいですか？　むずかしくありませんね。

それだけで、たちまちすばらしい人間に生まれ変わるのです。考え方を変えただけで、この世の中で、なんでも自分の希望どおりに、期待どおりに、うまくいくのです。

死んでから天国に往《い》くのも、地獄に往くのも、考え方しだいです。

殺してやりたいとか、奪ってやりたいなどと、地獄の生命と同じような思考をもっていると、死んだら地獄に引っ張られてしまいます。

動物と同じ思考でいると、死んだら動物の世界に引っ張られます。

楽しく明るく穏やかで神々と同じ思考パターンでいると、死んだら神々の世界に引っ張られるのです。

お釈迦さまやお弟子たちと同じ聖なる思考でいると、そういう聖なる世界に引っ張られるのですよ。

すべては思考しだいなのです。だから、とっても簡単でしょう。

2　幸せになる三つのキーワード

汚れた思考は三つ

「不幸の源である汚れた思考をやめなさい」

それだけでも簡単に理解できますが、お釈迦さまはさらに説明してくれるのです。

「汚れた思考は三つだよ」

と。三つのことにだけ気をつければ、それでよいのです。

お釈迦さまが三つだけにまとめて教えられたのには、理由があるのです。

お釈迦さまが「悪いこと、汚れたことを考えてはいけません」と言われたら、「では、悪いことを考えないようにしましょう」とがんばることにします。

しかし、人は無数に、無限に考えているのです。

自分の意志と関係なく、さまざまな思考が現われたり消えたりする。どの思考が汚れていて、どの思考が悪くないのかは、さっぱりわからなくなるのです。

ですから、三つのキーワードが与えられたのです。

このキーワードで、自分の考えが善か悪か明確にわかります。キーワードをよく覚えて、この三つにしっかり気をつけることで、汚れた思考から自分を守ることができるのです。

第一のキーワードは「欲」

キーワードの第一番目は「欲」にかかわる思考です。

欲にかかわる思考とは、できるだけ儲《もう》けたいなどと考えることです。商売をしているなら、売り上げのことばかり考える。もっと店を大きくしたい、全国に店をどんどん広げたいなどと、きりがなく儲けることを考える。それが欲にかかわる思考です。

私たちは俗世間に浸《ひた》り切って、朝から晩まで、そのことばかり考えています。一日中、俗世間におぼれている。それだけで、こころはけっこう汚れているのです。

■ 儲けたいと妄想すると儲からない

儲けたい、儲けたい、と思っただけでは、儲かりっこありません。それどころか、あまりにも「儲けたい」という気持ちでいると、こころが鬼になっていますから、みんなイヤがって逃げていくのです。それで、儲かるどころか赤字になるのです。

不思議なことに、「儲けたい」という気持ちが消えたところで儲かるのです。おもしろいことですよ。儲けたいという欲の思考をとめることができたところで、収入が十分入るようになるのです。

商売をしていても、べつに「儲けたい」という気持ちではなく、商売という仕事が楽しくてやっている。自分の仕事に充実感を感じる。お店に来るお客に顔を合わせるのも、一言話すのも楽しいと感じる。また、自分の商売がみんなの役にも立つのだと喜びを感じる（もしも自分の商売が人の役に立たないもの、どうでもよいものなら、早く商売を変えるか、やめるかです）。

元気いっぱいで、「みんな、私の店で売っている品物を待っている、信頼している。みんなを裏切ってはいけない。よい品物をみんなに提供しなければいけない」と、ありがたいという気持ちで店をやっていると、べつに一割引セールとか、一個買えば二つおまけするとか、そんなややこしいことをしなくても、なんのことなくよく売れます。商売が繁盛します。

だいたい、商売が成功する人は、けっこう明るく元気で、それほど欲がないのです。ただ怠けたくないという理由で、よくがんばるのです。

日本にも、ものすごくお金が儲かっている有名な人びとがいるでしょう。テレビで、そういう人びとの話がよく放送されます。この人たちは、こんなにお金があってどうするのかという気もしますが、話を聞いてみると、本人たちは「お金はどうでもいい」という感じでいるのです。

お金があり余って、「じゃ、もうひとつ新しくホテルでも造ろうかな」ということになるのですが、ただ怠けていたくない、じっとしていられないから、なにかに手を出す。それはまた、自分がよく慣れている、経験を積んでいる分野だから、さらに自分の商売が拡がってしまうという話なのです。

てきぱきと動いて、若者を雇って、みんなに仕事を覚えさせて、働いてもらうのが好きなのです。「もっと金が欲しい」という気持ちはないのです。

そうすると、みんなも助かるでしょう。若者をものすごくたくさん雇って、礼儀正しくお客さんに対応することをしっかり教えてあげるのです。お母さんが教えても、若者は聞いてくれないでしょう。でも、そういう成功している人たちの話は聞くのです。だから、若者にとってもありがたい話です。

お客も、生き生きと働いている若者にお世話してもらって喜ぶ。だから、ますます儲かるのです。

■財産なんてちょっと預かっているだけのもの

お釈迦さまは、

「欲にかかわる思考は、しないほうがいい。それは汚れている。代わりに、こんなふうに考えなさい」

とおっしゃって、

「自分に財産があっても、これも生きているあいだだけのことで、それも、もしかすると台風が来て持っていってしまうかもしれないし、地震が来て飲み込んでしまうかもしれない。それぐらいのものだから、あまり執着しないでいたほうがいいのだと思いなさい」

と教えておられます。

たとえば、お嫁に行って、そこの家に財産があって、

「よし、これは私の財産だぞ」

と思ったら、姑《しゅうとめ》さんに嫌われますし、苛《いじ》められます。幸せになるはずの家庭生活は、苦悩に終わります。そうではなくて、

「まあ、ここでいっしょに暮らしているあいだ、仮《かり》に使うだけのものだ。これは私のものじゃないのだ。他人様のものだから大事に守ってあげよう。どうせ私が歳を取って死んでからは、自分のものでもなんでも

ないのだから」

と、そういうふうに考えなくてはいけないのです。そう考えると、信じられないくらいうまくいくのです。

日本では、姑と嫁のけんかはあたりまえのように言われていますが、まったく信じられない話です。ありえないことです。お嫁に行ったら、ただまあ「ちょっとこの家にいさせていただく」という感じでいればよいのです。

人生というのはたいへん尊いものだと、みんな勝手に思っていますけど、じつのところは、この世の中に少々の時間、いさせていただくだけのことでしょう。どこにいても、せいぜい六十年、八十年間ぐらいの一生です。それなのに「私のものだ」と思ってしまうと、最悪の状態になるのです。

だから、お嫁に行っても、財産が突然回ってきても、「ああ、だめだめ、これはちょっと預かるだけのことだ。こんなものに足を引っ張られては困る。私は死ぬときには気楽に死ななくてはいけないのだ」

と、欲のない気持ちでいなくてはいけないのです。

■死んでからも財産管理？

気楽に死ぬどころか、われわれは死ぬときでも、「この財産をあの人に取られたら困る」と考えて、遺言書《ゆいごんしょ》まで書くのです。死んでも離したくはないようです。

でも、死んだら、なにひとつも財産は自分のものではありません。財産に執着して、「私の財産だ」と思いつつ死を迎えるのは、たいへん苦しくイヤなものです。死後も幸せにはなれません。それなのに、遺言書なんかを書いて、死後も財産の管理をしようとしているのではないでしょうか。

ただし、自分の子孫は欲張りで、頭も悪くて、財産のために兄弟げんか、親戚げんかなどして、そのうえ裁判まで引き起こして不幸になってしまうと思ったら、慈しみのために遺言書でも書いておいたほうがいいかもしれません。

また、子どものことで悩んだり心配したりするのは親の趣味になっていますから、遺言書を作ったほうがいい場合もあるでしょう。

たとえば、すごく体の弱い子どもが一人いる。すごく体力もあり商売もできる子どもも一人いる。親が亡くなったら、やり手の子は全財産を独り占めにするに決まっている。親としては、やはり体の弱い、あまり収入もない子どもを、もうちょっと助けてやりたい気持ちはあるでしょう。

遺言書を書かずに死んでしまったら、遺産は子どもみんなに同じ分配ですし、弱い人の分もやり手の兄弟が、

「おまえはそんなに要らないでしょう。私たちが面倒見るのだから、おまえの分を私に預けなさい」

と奪う可能性もある。そういう場合は、親は親の気持ちで、

「やはりこの子は弱いから、ちょっと余分に。あの子は立派に商売できるから、自分でがんばってほしい」

というふうに書いてもいいのです。

そういったケースではなく、ただ、死んでからも財産を管理したがることは、よくない思考です。

財産にたいして、家族にたいして、親戚にたいして、自分にたいして、ああしたい、こうしたいと考えることが、お釈迦さまがおっしゃる「汚れた思考」なのです。そんな思考で人生をだめにしてしまってはいけません。

「家族も財産もどんなものでも、みんな結局、捨て去るものだ。それを知らないのは愚か者だ」という気楽な気持ちでいる。ただそれだけのことで、こころは立派に清らかになります。

第二のキーワードは「落ち込み」

キーワードの第二番目は「落ち込み」です。ちょっとのことで落ち込んでしまうこころにも気をつけないといけません。

台風で少々被害を受けると、「ああ、だめだ」と落ち込んでしまう。そういう、ちょっとのことで落ち込むことをやめる。

「落ち込み」は、「欲」から生まれる「怒り」のこころです。

「せっかく家を建てたのに、台風で屋根が飛んでしまった。私はなんて不幸な人間なのでしょう」

などと、あって欲しいものがなくなったり、うまくいって欲しいことに失敗したり、欲が満たされないときに起こる怒りの感情を、ここで「落ち込み」と独断で名づけたのです。

落ち込む必要などないのです。

「ま、家には縁《えん》があって建てることができたけど、屋根にはあまり縁がなかったのでしょう。雨が漏るのも困るから、トタンでも屋根をつけておきましょう」

という感じで、屋根は飛ばされてしまっても、自分はすぐに立ち直ればいいのです。

たとえ自分の親や子どもが死んでしまっても、「縁がなかったのだから、しょうがない」という感じでいなければいけないのですよ。だって、それが事実でしょう。

いくらかわいい子どもでも、その子には業《ごう》が足らなくて、長生きする徳《とく》がなくて、あるいは過去世でなにか悪いことをして、その結果として、突然だれかに殺されるか、事故で死ぬか、ということが現にあるでしょう。また、治療不可能な病をもって生まれることもある。

人はそれぞれ、自分の業をもって生まれるのです。子の業は子のもので、母の業は母のものです。相続はできません。名義変更もできません。

業のことを単純に考えましょう。子どもの代わりに母親が、おいしいご飯を食べてあげることはできないでしょう。母親が代わりに食べても、子どもにはおいしくないし、栄養にもならないし、満腹にもならないのです。そのように、業だけは自分のものです。他人には関係ありません。

事実はそのようなものなので、たとえわが子が突然亡くなったとして

も、母親がどうして一生泣きつづけなくてはいけないのでしょうか。母親にも、子どもを成長させて、一人前にして、社会人にしてあげて、結婚もさせてあげて、母親としての喜びを味わうだけの縁がなかったのです。子どもにも長寿の縁がなかった。だから「縁がない。まあ、しょうがない」と考えて、また気楽に生きればいいのです。それしか、人間に考えることはないでしょう。

それは、残酷な考え方ではないのです。執着のない考え方なのです。

逆も同じです。

子どもが長生きして、立派に成人して、すばらしい社会人になったとしても、母親は「私が育ててあげたぞ」などと威張ったり、自慢したりする必要はないのです。頭がよく、性格がよく生まれてきて、みんなに愛されて、社会で立派な人間になったのも、その子自身のよい業のお陰でしょう。だから、お母さんが威張っても意味はないのです。

そういうふうに、みんな自分の業と縁で生きているのですから、そこを考えて、あまり落ち込むことをしない。自分の希望どおりに、計画どおりにものごとがいかなくても、失敗しても、落ち込む思考をやめるのです。

また、怒ることもしない。「あれはイヤだ、この人はイヤだ」などとは、絶対思わないでいる。そうすると、そのこころはきれいなのです。

第三のキーワードは「暴力主義」

キーワードの第三番目は「暴力主義」思考です。よくよく考えると、この世界、人類は暴力主義者なのです。非暴力主義者は、めったにいない。この「暴力主義」というこころが、とんでもないこころの汚れです。考え方自体が汚れている。

「悪いことをした人には、ちゃんと罰を与えなくてはいけない。殺さなければいけない」という考え方は、結局「暴力主義」の思考なのです。

アメリカでテロ行為をしたのは、サウジアラビア人のビン・ラディンという人だという話があります。ビン・ラディン自身がやったのではないのですけど、彼のグループのだれかがやったという噂《うわさ》なのです。それでアメリカは軍隊を出して、サウジアラビアとものすごく仲が悪いイラクという国のフセインを殺そうとする。イラク人を一万人以上も殺している。それでビン・ラディンがすごくひどいめにあうという計算らしいですけど、変な計算ですね。

これは、たんなる「暴力主義」です。だれでもいいから殺しましょう、ということでしょう。

仏教では、たとえビン・ラディンでも殺してはいけないのです。ビン・ラディンがテロで人を殺したかもしれないけれど、それはとんでもなくできの悪い人だから、そんなことをしたのかもしれません。あのテロ行為で亡くなった人びとにたいする個人的な怒り、憎しみがあったのではなく、アメリカという国にたいする怒りでテロ行為をしたのではないかとも思われます。もし、その推測がほんとうであるならば、アメリカ政府もそれなりの、ビン・ラディンの腹が立つことをしていたのでしょう。

結局はおたがいさまで、相手を憎しみで殺したい、破壊したいと思っていて、それなりの行為をしているのです。おたがいに自分自身の過ちを正せばいいことですが、そのことには絶対気づかないのです。人はだれでも、自分がおこなっていることは正しい、まちがいなし、ほかの選択はないと思っているのです。

■「私は正しい」という危険な感情

「私は正しい」と思ってしまうと、当然「相手がまちがっている」ということになるのです。「これは白くない」と言ったら、相手が勝手に「黒い」と決めつけるのです。理性を開発していない場合は、そのようになるのです。「白くない」というと意味はただそれだけで、「黒い」と示したわけではありません。白以外の色でしょうし、あるいは色がないのかもしれません。

しかし、人は正しく考える努力はしません。ですから、「私が正しい」と思うと、当然「相手がまちがっている、正しくない」と断定する。さらに、「正しくないものを手段を選ばず正さなくてはいけない」という主義が絡《から》んだら、それが「暴力主義」思考になるのです。

自分が正しいという感情は、とても危険な思考だと思ったほうがよいのです。仲間、家庭、会社、社会、国際的トラブルの始まりは、この思考です。悪人を裁くべきだと個人が思ってしまうのも、「自分が正しい」という考えがあるからです。

「自分も正しくない、罪を犯している」と思っている人なら、「悪人を裁くべきだ」とは思わないでしょう。

しかし、法律は別な枠で考えたほうがよいのです。個人の人権・自由を守る目的で、法律はつくられています。人の人権・自由を侵した人を法律で裁くのです。それは、個人攻撃ではありません。裁判官に、個人的には被告人を自由にしてあげたいという気持ちがあっても、それはできませんし、勝手な感情で「重い罰を与えるぞ」と思っても、それもできません。

怒りも憎しみもなく、過ちを犯した人に罰を与えることが、法律ではできます。けれども、個人がそれをしたいと思うと、それは罪なのです。人を殺した人を自分が殺してしまうと、自分も殺人者なのです。

■人の不幸を願うのは「暴力主義」思考

とにかく、他人に害を与えたい、殴《なぐ》りたい、殺したい、天罰があたってほしい、不幸になってほしい、倒産してほしい、病気にかかってほしい、死んでしまえばいいなどの思考は、絶対やめることです。これは、すべて「暴力主義」思考なのです。

では、なにを考えればよいのでしょうか？

すべての生命に生きる権利があるのです。すべての生命に人権・自尊心があるのです。すべての生命の生きる権利を認めましょう。

「あなたの権利を私は奪いません。あなたも私の権利を奪わないでください」という単純な話です。

殺したら殺してもいい、殴ったら殴ってもいい、人がなにか悪いことをしたら、絶対に忘れないで、その恨《うら》みをずーっともちつづけて、いつか仕返ししてやるぞ、という思考は、とんでもない「暴力主義」です。

先日、ある犯罪者が処刑されて死んだそうです。新聞に、異例に早く処刑が実行されたと載っていました。そこで、マスコミの人たちが被害者のかたがたの家に行って、「感想はいかがでしょうか？」と聞くのです。そうやって感想を聞くことだけでも、恐ろしいことです。聞かれた人びとは、「ほっとしました」と言う。この「ほっとしました」という一言を聞いたとたん、私は「被害者のかたがたも、やはり暴力主義者だ」と思ったのです。

人が死んで「ほっとする」というのは、どういうことでしょうか？どうせその人は逮捕されていて社会に戻るわけではないし、その人を殺したからといって、被害者である子どもたちがまた生き返ってくることは、けっしてありません。起きてしまった損失は、取り戻しようがない

のです。それはそのままなのです。そのうえさらに憎しみ恨みでこころを汚して新たな損失を加えることは、避けるべきです。だから、

「子どもたちにも長生きする業がなかったのでしょうし、その親たち、親戚にもそれなりの不幸な業があったのでしょう。子どもが亡くなったというその一個の不幸だけで十分です」

と、こころを穏やかにしたほうがいいのです。

まあ、私は被害者のかたがたはこころ穏やかにしていたと思いますけど、マスコミがどんどん来て、無理やり、穏やかにしていたこころを、また掻《か》き回すのです。

「処刑されてよかった。殺されて当然だ。これからもしっかりと死刑を実行するべきだ」と、マスコミが被害者のかたがたに、そのように言わせるのです。そのことばを放送したいのです。みんなのこころにある

暴力主義の火に油をかけたいのです。それで、マスコミ自体が世直しに貢献しているのだと自画自賛したいのです。それも暴力主義です。

この場合、マスコミの仕事は別にあると思います。イライラが起きただけで、怒ってしまっただけで、なんでもかんでもイヤな気持ちになっただけで、関係のない他人に害を与えるのではなく、自分の感情を制御することが大事だということを、またその方法を、まだ罪を犯してはいないが感情の管理ができなくて困っている人に、あらゆる方面で教えること、それがマスコミのするべき仕事ではないかと、私は個人的に思います。それが再発防止です。悪の感情を引き起こすだけでは、立派なマスコミとはいえないのです。

世界は暴力主義なのです。非暴力主義を理解できないのです。そのせいで、なにひとつもうまくいきません。おたがいに仲良くすることができないのです。平和がないのです。簡単に犯罪、暴動、テロ行為、戦争が起こるのです。

■「だって、あの人が怒ったから」

私たちは、なにかちょっと気に入らないことを言われたら、どうするでしょう？　すぐ言い返してしまいますね。

「だって、あなたがそんなひどいことを言ったから、私は言い返したのだ」と正当化します。そこなのです、暴力主義は。

たとえば、人が「あんた、ばかじゃないか」と言うと、「人に向かってばかとはなんだ。ばかはおまえだろ」と言い返すでしょう。言い返したいこころが、暴力主義そのものなのです。

「あなたはどうして怒ったのですか？」と聞いてみると、「だって、あの人が私を怒ったから」と言う、その微妙なところで、われわれは潜在的な暴力主義者なのです。

いまは自分に力がないから人を殺そうとは思わないだけで、アメリカの大統領ぐらいのすごい権力と軍事力を握ったならば、なにをするかわからないでしょうね。

だからお釈迦さまは、こころの中の暴力主義を取り除いて、人を助ける気持ちに入れ換えてください、とおっしゃいます。

■怒りはこころの病気

だれかがみなさまに「あんた、ばかじゃないか」と言うなら、このように考えたらいかがでしょうか。

「私はよく知っています。その人は、なにかのことで怒っているのです。その人はなにか悩んでいて、こころが病気なのです。まあ、私はほんとうにばかかもしれませんけど、だからといって、そんなことは人に向かって、ふつうは言わないでしょう。それは社会の常識だから。面と向かって『あなたはこうだ』と言ってしまうと、それは明らかに失礼になる。明らかに失礼なことを言うのは、言う人自身にちょっと問題がある。その人が病気なのです」

と。病気だと思うと逆に、怒る気持ちではなく心配する気持ちが現われてくるのです。

姑《しゅうとめ》さんがお嫁さんをいじめる場合でも、姑さんがちょっと病気なのです。「嫁に息子も立場も財産も、全部奪われるんだ。息子は私のものなのに」と思ってしまうのです。その考え方がおかしい。病気です。お嫁さんに全部奪われるのはあたりまえです。自分の息子も家も孫たちも、お嫁さんのものでしょう。

こころ正しい姑さんだったら、「ああ、私は今日から隠居《いんきょ》だ。では、息子も家もよろしくお願いします。なにかわからないことがあったら教えてあげますよ」という気持ちでいるでしょう。そうすると楽になるのです。

相手は若い女性だから、「お母さん、これどうやるんですか？　これはどうですか？」としょっちゅう聞いてくれるし、それですごく仲良く楽しく生活できます。そういうふうにしている人びとも、けっこういるのです。

自分の娘よりもお嫁さんのほうが好きでかわいくて、娘なんか行くと、「おまえはなにしに来たんですか！」と怒ったりして。

■「暴力主義」から足を洗う

それで、私になにか言った人に、私が「なぜ人に向かってそんな失礼なことを言うのか」と言い返しても、相手に通じるわけがありません。そんなことがわかっているなら、そもそも言わないでしょう。

そうではなく、「あなたはちょっとこころが痛んでいるのでしょうね。なにか悩んでいるのでしょうね」とか、「なにかイヤなことでも私がしたんでしょうか？」などと言って、その人のこころを慰めてあげる。これは、ブッダの道なのです。

あるいは「まあ、そんなことをみんなの前で言うと、あなたの立場がなくなりますから、ちょっと二人だけで話しましょう。そこで言いたいほうだい言ってください」と、そう言っただけでも、本人のこころは治まるのです。「これは、あなたにとってちょっとまずい」と心配している気持ちが簡単に通じるのです。

このように、怒ってこころが病気になっている相手を助けてあげる。親切にしてあげる。暴力主義をやめる。

それだけでもやってみれば、この世界はすぐによくなります。戦争なんかは完全になくなります。「平和、平和」とプラカードを立ててパレードに行っても、そんなことではぜんぜん平和になりません。問題はここのです。プラカードを立てて平和運動をおこなっている人も、結局は暴力主義者なのです。戦争をする人びとを脅してやるぞ、という気持ちですから。

暴力主義は、このこころの中にあるのです。みんな暴力主義をもっています。お釈迦さまは、「それを取り払ってください。取り払って、苦しんでいる人を助けましょう」とおっしゃるのです。

平和
PEACE
平和
PEACE
反戦
平和
PEACE
平和

人が自分を殴りに来るのだったら、その人は病気でなにか問題があるのですよ。ですから、人を殴ったりしたら、その人にとってもいいことではないし、「どうしてそんな気持ちになったのでしょうかねえ」などと、なんとかその人を助けてあげたほうがいいのです。

黒澤明《くろさわあきら》監督のなにかの映画に、ちょっとした場面があったのです。貧しくてすごく苦労しているようなところに住んでいる、大工かなにかやっている人の家に泥棒が入るのです。その人は、いま泥棒が入っていると知っていて、その泥棒が知り合いのあいつだとも知っている。で、泥棒がなにか持って行くのですけど、この人は寝たままです。窓なんかはなくて、簾《すだれ》一枚かかっているだけの家で、泥棒がそこから出て行く。その人は寝ているのですけど、泥棒が出て行こうとすると、

「おい、帰るときはそれ閉めて行け。寒いから」

と言うのです。それで泥棒した人は、この人が起きていたのかとびっくりするのですけど、そのまま出て行って、役人に逮捕されるのです、品物を持ったまま。役人はその大工さんを連れてきて、

「これは、あんたのものを盗んだのではないか？」

と聞く。その人は、

「いえいえ、私はあげたのです」

と言って、同じ生活をする仲間だから助けてあげる。

ちょっとした場面ですが、すごく立派なのです。黒澤さんの作品はどれも立派ですけど。

それが、お釈迦さまのおっしゃっている道なのです。人を裁いて罰を与えるのではなくて、仕返しするのではなくて、「その人は病気だから、やっぱり助けてあげよう」という思考です。

三つのキーワードを使って幸せになる

以上の三つ「欲」「落ち込み」「暴力主義」が、不幸の根源である汚れた思考です。この三つの汚れに気をつけるのです。

一番目は、「欲」の代わりに「すべては置いて去るものだ」と思うこと。

二番目は、落ち込んだり怒ったりしないで、穏やかにいること。

三番目は、暴力主義を捨てて、人を助ける気持ちに入れ換えること。

それをちょっと実行してみれば、幸せで豊かな生き方が、すぐにできます。

それでまた、「やっぱりお釈迦さまって、なんてすばらしいかたでしょう」とわかります。

ほんのわずかのことでも、ブッダのことばを実践することをがんばっていただければ、たいへんありがたいと期待して、お話を終了させていただきます。どうもありがとうございました。

あとがき

この本は、誓教寺の二〇〇四年秋彼岸会法要におけるスマナサーラ長老の説法です。二日つづきの法要の第一日目の法話がこのシリーズ5の『幸せを呼ぶ呪文』、第二日目の法話が、この『人生が楽しくなる三つの条件』です。シリーズ5と同様に、二〇〇五年十月に（宗）日本テーラワーダ仏教協会より施本『幸せになる三つのキーワード』として刊行されました。

誓教寺の法要に来られるかたがたは、地元のおばあさんおじいさんが圧倒的多数です。法要が平日の昼間におこなわれるということもありますし、やはり地域性も反映していると思います。若者や働き盛りの中壮年は、さっと数えることができるほどの人数です。そのような聴衆に向かって、スマナサーラ長老が、温かく、楽しげに、ときに力強く、語りかけてくださいます。人びとの爆笑が本堂にあふれることも珍しくありません。

長老のその語りの調子を、なんとか文字にも残したいと思いながら編集いたしましたが、うまくお伝えできていますかどうか。力及ばず、申し訳ないような気がします。

たとえば、商売に関する話のところで、「一個買えば二つおまけする」(65頁) というくだりにお気づきになったでしょうか。普通ならば、せいぜい「二つ買えば一つおまけする」なのですが、逆になっているあたり、絶妙なユーモアのセンスです。

「子どものことで悩んだり心配したりするのは親の趣味になっています」（71頁）などは、文字で読むとなんだかギョッとするかもしれませんが、その場でどっと笑いが出たところです。深読みすれば、多くの親が「子どものため、子どものため」と心配しているつもりで、じつは自分の希望や欲を押しつけているということへの批判とも考えられます。世の中の（仏教から見て）愚かなありようにたいしては、ときに痛烈なブラックユーモアも炸裂《さくれつ》します。かなりのブラックであっても、やっぱり茶目っ気がたっぷり入った皮肉で切りつけているところも、鮮やかです。

じつは、耳触《みみざわ》りのよい表現では、私たちのこころに食い込んでこないのです。何時間もの話を気持ちよく「ふんふん」と聞いたところで、終わってみればなにもこころに残っていない、というのでは、時間をかけて説法し、また貴重な時間を割いて聞いたのに、説法が終わっても、こころの成長はゼロということになってしまいます。こころに衝撃を与えて、ものの見方を変える、真実に気づかせる、頑固な自我を揺さぶる。ショック療法とでも言いましょうか、そのためのあの手この手の絶妙な(ブラック)ユーモアなのです。

お釈迦さまのさまざまなエピソードも登場します。生き生きとしたお話の中で、私たちはお釈迦さまに会うことができます。つかみどころのない神々しい雲の上の存在ではなく、血の通った生きたお釈迦さまが、まるで目の前にいらっしゃるかのように感じることができます。人間であって、人間を超えている、そのかたがどういう人であったのか、私たちにも垣間《かいま》見ることができるのです。

さて、お説法も佳境《かきょう》に入り、話の内容がこころの問題になってくると、一言ひとことがグサグサとこころに突き刺さり、思わず胸を押さえたくなるようなこともあります。汚れたこころのどれもこれも、一般論でも他人事でもなく、自分に身に覚えのあることがらとして、容赦なく迫ってきます。自分のこころと向かいあわねばならない時間です。

参加者のみなさんのほうをちらりと見ると、話を聞いているおばあさんたちが、椅子《いす》の上でなんとなく小さくなってうつむいていることもあります。でも、聞きたくないのではありません。話が終わると、小さくなっていたおばあさんたちが、元気いっぱい、ニコニコと明るく、背筋をしゃんと伸ばして、帰路につくのです。こころの垢《あか》を洗って、さっぱりと清々《すがすが》しくなって、身もこころも軽くなっているのです。

お経の中には、「世尊《せそん》は、法話によって、教え、確信を得させ、励まし、鼓舞《こぶ》されました」との表現がときどき出てきます。比丘《びく》や在家信者が、お釈迦さまに説法していただいたときのことを描写している部分です。お釈迦さまに法を教えていただいて、「そうか、なるほど！」と納得し、「自分もやらねば」とこころに火がともり、「やるぞ！」という気持ちになって、仏道を歩むのです。

スマナサーラ長老の説法を聞いていて、ときどき、ふっとこのお経のことばが思い出されます。説法は、私たちの疲れたこころ、病んだこころ、曲がったこころ、固いこころに、直接効くカンフル剤であり、同時にこころを育てる滋養食でもあるのです。

お経の中で、お釈迦さまの説法をお聞きした人びとは「世尊が語られたことに、歓喜《かんぎ》し、随喜《ずいき》した」とあります。お釈迦さまが活動された時代から遠く隔たった現代日本で、私たちも法を聞くことができることに、歓喜し、随喜せずにはおれません。
本書を手にとってくださったみなさまに、仏法の喜びが広がりますように。

誓教寺坊守　藤本　竜子

アルボムッレ・スマナサーラ（Ven. Alubomulle Sumanasara）
1945年、スリランカ生まれ。13歳で出家得度。国立ケラニヤ大学で教鞭をとったのち、1980年に招聘されて来日。
現在、日本テーラワーダ仏教協会の長老として、冥想指導・説法・経典勉強会・講演会・著書の執筆など多方面にわたる仏教活動をおこなう。
2005年、大寺派日本大サンガ主管長老に就任。
著書　『希望のしくみ』（養老孟司との共著、宝島社）
『無常の見方』『怒らないこと』『心は病気』（サンガ）
『死後はどうなるの？』（国書刊行会）
『ブッダ―大人になる道』（筑摩書房）など多数。
連絡　東京都渋谷区幡ヶ谷1-23-9　〒151-0072
（宗）日本テーラワーダ仏教協会

藤本　竜子（ふじもと　りゅうこ）
1960年、京都市生まれ。関西学院大学文学部教育学科卒業。大谷大学大学院仏教学専攻修士課程修了。現在、浄土真宗誓教寺坊守。

人生《じんせい》が楽《たの》しくなる三《みっ》つの条件《じょうけん》　スマナサーラ長老の悩みをなくす7つの玉手箱⑥

ISBN978-4-336-05081-6

平成21年3月18日　初版第1刷発行

著　者　A・スマナサーラ
発行者　佐藤今朝夫

〒174-0056 東京都板橋区志村1-13-15
発行所　株式会社　国書刊行会
電話 03(5970)7421　FAX 03(5970)7427
E mail: info@kokusho.co.jp　URL: http://www.kokusho.co.jp

落丁本・乱丁本はお取替えいたします。　印刷　㈱シーフォース　製本　村上製本所

スマナサーラ長老の

好評既刊

死後はどうなるの？

「死はすべての終わり」ではない。人生を正しく理解するために、初期仏教の立場から「輪廻転生」を、臨死体験や生まれ変わりの研究などを批判的にみながら、はっきり説き明かす。

四六判・上製カバー　250頁　本体1895円＋税

＊

人に愛されるひと 敬遠されるひと

より良い人生を送るためのヒント集。他人との関係で苦労しないためにはどのように生きるべきなのかを、釈尊の智慧からやさしく導き出す。

四六判・上製カバー　234頁　本体1800円＋税

＊

わたしたち不満族 満たされないのはなぜ？

多くの人びとは、なんらかの不満を抱えているが、それが満たされることはほとんどない。人間そのものを「不満族」と捉え、不満が生きる原動力となっていると喝破。

四六判・上製カバー　114頁（２色刷）　本体1400円＋税

＊

苦しみを乗り越える 悲しみが癒される 怒り苛立ちが消える法話選

日常の具体的な例を挙げて、こころの持ち方、生き方を明快に説く。すべて前向きな実践的処世術を、１話２頁平均の法話108で構成。日々の活力が湧き、人生に喜びを感じる法話選。

Ａ５判・上製カバー　240頁　本体2800円＋税